W0320694

Ce livre appartient à :

____

____

Illustration de couverture :
Kiko

ISBN : 979-1-0363-1345-5

18, rue Barbès, 92120 Montrouge, France
Dépôt légal : septembre 2019
Imprimé en Slovénie
Loi n°49-956 du 16 juillet 1949 sur les publications destinées à la jeunesse.

Ces histoires ont paru précédemment dans le magazine *Pomme d'Api*

POMME D'API raconte

3 histoires de Noël

bayard jeunesse

Kipeutou et Kiveurien

Écrit par Agnès de Lestrade
et illustré par Sébastien Mourrain

Kipeutou et Kiveurien étaient voisins.
Kipeutou habitait dans un gros champignon rond. Kiveurien, lui, vivait sous le chapeau d'un long champignon.
Un matin, il se mit à neiger.

– Viens te réchauffer chez moi, dit Kipeutou à Kiveurien, j'ai fait un grand feu de cheminée.
Kiveurien lui répond :
– Merci, c'est gentil ! Mais je préfère rester sous mon champignon.

Mais bientôt, le champignon givra et Kiveurien se transforma en bonhomme de neige.

– Je vais faire fondre la glace, dit Kipeutou.

– Non merci, je suis bien comme ça, je n'ai pas froid, dit Kiveurien.

Kiveurien ne voulait vraiment rien, rien du tout.

Et surtout pas qu'on l'aide.

Kipeutou ne comprenait rien, mais vraiment rien, à son voisin.

Le temps passa, la forêt était triste et paraissait endormie.
Noël approchait. Kipeutou proposa à son voisin :
– Viens m'aider à décorer mon champignon ; j'ai des guirlandes, des boules, des pommes de pin dorées !
– Non merci, répondit Kiveurien, j'aime bien quand tout est blanc.
Kipeutou ne comprenait pas pourquoi il ne pouvait rien faire pour Kiveurien.

Bientôt ce serait Noël. Kipeutou était très occupé. Il préparait déjà un pain d'épices. Pendant qu'il cuisait, Kipeutou prit un livre dans sa bibliothèque. Il se planta devant le champignon de son voisin Kiveurien et il commença à raconter l'histoire du Petit Poucet qui voulait retrouver ses parents.
Et Kiveurien ne dit rien. Mais Kiveurien écoutait.
– Je te raconterai la fin demain, dit Kipeutou en rejoignant sa maison-champignon.

Le lendemain, Kiveurien attendit. Il attendait la fin de l'histoire. Mais Kipeutou ne vint pas. Rien de rien ne se passa ce jour-là. Kiveurien comprit qu'il n'y pouvait rien. Mais le lendemain, Kiveurien s'inquiéta pour son voisin, tellement, qu'il sortit de sous son long champignon.

C'était bizarre, ce vent sur le visage de Kiveurien.
Étrange, l'odeur des sapins, du pain d'épices, des oranges...
C'était bizarre aussi toutes ces lumières qui brillaient, étincelaient et clignotaient ! Kiveurien n'en revenait pas.

Kiveurien frappa à la porte de Kipeutou. Personne ne répondit. Kiveurien entra. Kipeutou était allongé dans son lit.
Son front était chaud. Il était malade. Au fond de son lit, Kipeutou se disait qu'il n'y pouvait rien du tout.

Pourtant, Kiveurien prit une serviette qu'il mouilla avec de l'eau froide. Puis il apporta des légumes et cuisina une bonne soupe pour son voisin. Mais le front de Kipeutou était toujours aussi chaud.
Kipeutou pensa qu'il ne pouvait rien du tout.
Et Kiveurien lui dit qu'on pouvait toujours quelque chose.

Kiveurien qui ne voulait rien pensa pour la première fois qu'il voulait... Oui, qu'il voulait vraiment que Kipeutou se lève enfin, qu'il sourie de son sourire lumineux, lui montre les lumières de sa maison et lui raconte la fin de l'histoire. Pour la première fois, Kiveurien sentit s'allumer une étincelle dans son cœur. Toute petite, mais elle était là, bien là.

Kipeutou, qui ne pouvait rien sans Kiveurien, se leva enfin. Il prit le livre sur sa table et lut la fin de l'histoire.
Kiveurien qui ne voulait rien, comprit que maintenant il voulait tout. Ne plus avoir froid. Décorer sa maison, cuisiner un pain d'épices et danser avec Kipeutou. Et aussi... entendre la fin de l'histoire pour savoir si le Petit Poucet retrouverait ses parents.

Ce soir, c'était le soir de Noël. Kiveurien invita Kipeutou dans son champignon qui brillait. Il avait fait un gâteau à l'orange. Pour le remercier, Kipeutou lui fit un bisou de rien du tout. Et Kipeutou et Kiveurien passèrent le plus doux des Noëls.

Qui conduira le traîneau du Père Noël ?

Écrit par Elsa Devernois
et illustré par Kiko

Il y a bien longtemps, le Père Noël n'était pas encore le Père Noël.
C'était juste un vieux monsieur qui aimait fabriquer des jouets.
Un jour, il eut l'idée de les emballer pour les offrir aux enfants du monde entier. Il irait les distribuer le 24 décembre, le soir de son anniversaire.
Comme il y avait beaucoup de paquets, il avait construit un traîneau pour les transporter. Mais qui pourrait bien tirer un aussi lourd traîneau ?
Le Père Noël afficha des petites annonces dans la forêt : « Recherche animaux disponibles la nuit du 24 au 25 décembre. Lourd chargement à transporter. »

Dès le lendemain, une foule d'oiseaux se présenta chez le Père Noël. Mais ils avaient beau être nombreux, ils ne semblaient pas assez vigoureux pour tirer un traîneau aussi lourd. Ils voulurent quand même tenter leur chance. Il fallut alors accrocher un fil à chacune des pattes des oiseaux. Cela prit un temps fou ! Comme les oiseaux ne volaient ni à la même vitesse ni dans la même direction, tous les fils s'entortillaient !
Le Père Noël s'épuisa à les détacher.
Ce soir-là, il se coucha, exténué.

Le Père Noël afficha alors un nouvel écriteau :
« Recherche pour travail saisonnier, animaux forts et costauds. »

Dès le lendemain, une flopée d'animaux se présenta chez le Père Noël. Il leur expliqua comment allait se passer l'épreuve :
– Je vais vous atteler au traîneau et vous allez galoper du pôle Nord au pôle Sud au-dessus des terres. Avec retour au-dessus des mers. Prêts ?
Lors du premier voyage, le Père Noël se retrouva ainsi en compagnie d'un sanglier, d'un buffle, d'un jaguar, d'une girafe et d'un raton laveur. Encore une fois, aucun animal n'avançait au même pas. Le Père Noël, ballotté dans tous les sens, eut terriblement envie de vomir...
Ce soir-là, il se coucha avec l'estomac en compote.

Le Père Noël ne se laissa pas décourager. Il accrocha une nouvelle pancarte : « Cherche une seule espèce d'animaux pour conduire véhicule volant. »
Aussitôt, six kangourous se présentèrent. Mais ce fut encore un désastre. Le traîneau fit bonds sur bonds et le Père Noël, secoué comme un prunier, ordonna de faire demi-tour dès le survol du Canada. Ce soir-là, il se coucha tout raplapla.

Le lendemain, un troupeau d'éléphants se présenta :

– Ce serait un grand honneur pour nous de conduire votre traîneau.

Le Père Noël fut ravi :

– Enfin, des animaux forts et puissants !

Hélas, les éléphants, habitués au soleil, ne supportèrent pas le grand froid ni les flocons de neige.

Ils durent rentrer très vite chez eux.

Soudain, le Père Noël entendit gratter à sa porte.

– Que diriez-vous de quatre chiens à la queue en trompette ? demandèrent des huskies.

Eux aussi passèrent l'épreuve. Mais ils adorèrent tellement ce jeu qu'ils ne voulurent pas s'arrêter là. Et ils partirent se faire embaucher comme chiens de traîneaux au pays esquimau.

Le Père Noël commençait à perdre espoir...

À la tombée de la nuit, un couple de rennes se présenta. Ils tirèrent le traîneau à la perfection. Mais le Père Noël se désola :

– Ce travail est vraiment trop difficile. Pendant toute une nuit, l'effort sera trop soutenu pour vous et vous serez vite fatigués. Quel dommage ! Vous étiez si bien, tous les deux !

– Mais nous ne sommes pas que deux ! s'écria la maman Renne. Nous avons quatre enfants très robustes. Ils sont sagement à la maison en ce moment, parce qu'ils ont école demain...

Et le papa Renne ajouta :
– Le 24 décembre tombe pendant les vacances, alors nos petits rennes pourront venir avec nous puisqu'ils n'ont pas école le lendemain !
– Entendu, sourit le Père Noël. Je compte sur vous tous les ans, hein ?
C'est ainsi que le Père Noël trouva le meilleur attelage pour son traîneau rempli de cadeaux.
Et depuis ce jour, ou plutôt cette nuit, on peut apercevoir des rennes de Noël voler dans le ciel, la nuit de Noël.

Ce petit sapin-là...

Écrit par Nadine Brun-Cosme
et illustré par Christine Davenier

Ce petit sapin-là avait poussé dans une forêt de grands sapins. Quand il n'était qu'un tout petit sapin, les grands sapins autour de lui murmuraient :

– Regardez comme c'est beau, là-haut, toutes ces maisons dans le village !

Ce petit sapin-là tendait sa pointe aussi haut qu'il pouvait. Mais il ne voyait rien.

Quand il fut un beau sapin, les grands sapins qui avaient continué à pousser murmuraient :

– Regardez, là-bas, comme c'est beau, ces montagnes, derrière les maisons du village avec leur chapeau de neige !

Ce sapin-là, qui n'était plus un tout petit sapin, mais un beau sapin bien bâti, tendait sa belle pointe aussi haut qu'il pouvait, au-dessus de tous ces sapins qui avaient bien grandi aussi.

Et il ne voyait toujours rien. Et il disait, presque en colère :

– Mais je ne vois rien ! Je suis toujours bien trop petit !

Et ce beau sapin-là continuait à grandir, au milieu des immenses sapins qui grandissaient aussi.
À présent, il était devenu un très grand sapin.
Autour de lui, les immenses sapins murmuraient :
– Regardez, là-bas, toutes ces maisons éclairées, comme c'est beau ! C'est la grande fête qui se prépare... Et là-haut, cette toute petite maison qui brille encore plus fort que toutes les autres ! On aimerait tant voir ce qu'il y a dedans !
Mais ce sapin-là ne voyait toujours rien.

Un matin de décembre, dans la forêt, un camion entra. Autour de lui, les immenses sapins murmuraient :
– Ça y est. On vient chercher le plus beau d'entre nous pour la grande fête !
Le camion se faufila entre les immenses sapins.
Puis il s'arrêta tout près du petit sapin.
Deux hommes descendirent du camion.
Avec leurs pelles, ils dégagèrent prudemment ses racines. Puis ils le chargèrent doucement dans le camion.

Couché à l'arrière, le sapin tout secoué vit d'abord d'autres sapins. Puis les petites maisons qu'il n'avait jamais vues, toutes serrées dans la neige.

Et c'était encore mieux que ce qu'il avait imaginé.

Puis derrière les petites maisons, les grandes montagnes blanches qu'il n'avait jamais vues, toutes couvertes de neige. Et c'était encore plus beau que ce qu'il rêvait.

Enfin, en haut de la montagne, il vit la petite maison si jolie. C'est là que le camion s'arrêta. Alors, ce sapin-là sut qu'il allait entrer dedans.

Dedans, on l'installa bien droit, au milieu de la plus grande pièce, devant la cheminée. Dedans, c'était doux, c'était joyeux. Dedans, surtout, il y avait des enfants. Ils sortirent en riant des guirlandes rouges, vertes et bleues, argentées et dorées, des boules jaunes, vertes et rouges, des sucres d'orge et des chocolats.

Ils le couvrirent, ils le fêtèrent.
Et ils chantèrent autour de lui.
Et pour la première fois,
ce sapin-là se sentit si fier
et si beau ! Lui seul savait,
à présent, comme c'était bon
d'être dans la petite maison !

Un matin tout ensoleillé, la neige se mit à fondre.
Les enfants commencèrent à déshabiller le beau sapin.
Une à une, les boules retournèrent dans la boîte, une à une, les guirlandes disparurent, un à un, les derniers chocolats, les derniers sucres d'orge furent mangés. Puis on porta le sapin jusqu'à sa forêt.

Et là, on le planta.
À présent, ce sapin-là est un immense sapin. De sa forêt, sans tendre sa pointe, il voit tout : la petite maison, les montagnes, et tout en bas, les maisons du village avec leurs drôles de chapeaux rigolos.
Près de lui, un tout petit sapin s'est mis à pousser. Alors, avec sa large branche, l'immense sapin abrite le tout petit sapin et commence à lui raconter ce qu'il voit…

Dans la même collection

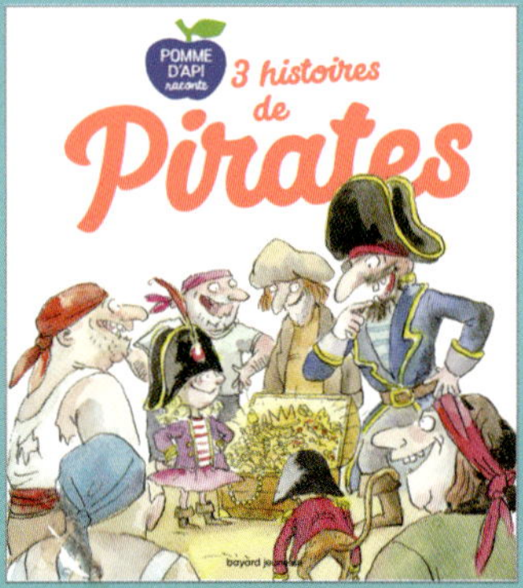

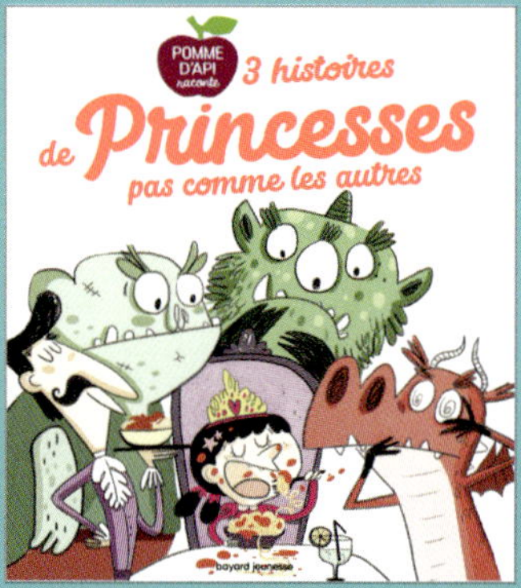